القُبعات

تأليف: سهى أبو شقرا

رسوم: كريستينا كافورينو

الطبعة العربية الأولى عام 2020

دار جامعة حمد بن خليفة للنشر
صندوق بريد 5825
الدوحة، دولة قطر

www.hbkupress.com

الترقيم الدولي: 9789927137785

تمت الطباعة في الدوحة، قطر.

مكتبة قطر الوطنية بيانات الفهرسة – أثناء – النشر (فان)

أبو شقرا، سهى، مؤلف.

القبعات / تأليف سهى أبو شقرا ؛ رسوم كريستينا كافورينو. الطبعة العربية الأولى. - الدوحة : دار جامعة حمد بن خليفة للنشر، 2020.

صفحة ؛ سم
تدمك: 978-992-713-778-5

1. قصص الأطفال العربية. أ. كافورينو، كريستينا، رسام. ب. العنوان.

PZ10.731.A28 2020

892.737– dc23

201927452633

القبعات

تأليف: سهى أبو شقرا

رسوم: كريستينا كافورينو

دار جامعة حمد بن خليفة للنشر
HAMAD BIN KHALIFA UNIVERSITY PRESS

سلمى مولعةٌ بجمعِ القبعاتِ، ولحسنِ حظّها أنّ والدَها قبطانُ طائرةٍ. يسافرُ كثيرًا، ويجلبُ لها مِن كلّ بلدٍ قبعةً بديعةً. وحين كبُرتْ مجموعتها ضمّتْها لمعرِضِ والدتِها الخاصِ بالقبعاتِ.

شعرتْ سلمى يومًا بأنَّ قبعاتَها ليستْ على ما يُرام.

رفعتْ عن رأسِها قبعتَها المطرزةَ بالورودِ.
ألقتْ التحيةَ وقالت بودّ: "صباحُ الخيرِ يا قبعاتي الحبيبة".

همْهمتْ القبعاتُ، وردّتْ التحيةَ بفتورٍ.

علتْ وجهَ سلمى نظرةُ تعجبٍ. لاحظتْ أنّ ريشَ القبعةِ الخضراءِ متهدلٌ، وشرائطَ القبعةِ الصيفيةِ محلولةٌ، وورودَ القبعةِ الشمسيةِ ذابلةٌ. بدتِ القبعاتُ حزينةً على غير عادتها.

سألتْ سلمى بقلقٍ: "ما بالُ قبعاتي؟"

قالت **القبعة الصينية**:

"نحنُ نشعرُ بالمللِ ونرغبُ بالتنزه.

أنا قبعةٌ مزارعي الأرزِ، اعتدتُ على الشمسِ والهواءِ. واجبي أنْ أحمي رؤوسَ المزارعينَ، كي ينتِجوا لنا الأرزَ الشهيّ، ونطهو البرياني الذي تحبينه".

وقالت: القبعةُ المكسيكيةُ:

"أود المشاركةَ بمهرجانٍ مكسيكي.

فأنا معتادةٌ على مرافقةِ الفرقِ الشعبيةِ،
والرقصِ على أنغامِ التانغو والرومبا".

F

وقالت **القبعةُ الإنكليزيةُ**:

"أحلم بحضورِ سباقاتِ الخيلِ، وحفلاتِ الزفافِ الملكيةِ. فقد صُنعتُ لأزيّنَ الاحتفالاتِ، وأشاركَ في مسابقات أجملِ قبعةٍ. فمنذ زمنٍ لم أفزْ بهذا اللقبْ".

أمّا **الطربوش** فقال:

"اشتقتُ لتزيينِ رؤوسِ الرجالِ، كي أزيدَ أناقتَهم.
كنتُ أجمِّلُ مظهرَ الذاهبينَ إلى وظائفِهم ومناسباتِهم.
وكنتُ الرفيقَ الدائمَ للحكواتي.
أما اليوم فلا أريد أن أبقى على الرفِّ داخلَ المعرضِ".

قالتْ قبعةُ الصوفِ:
"صنعتني أصابعُ الجدةِ بحبٍّ
كبيرٍ، كيْ أحميَ رؤوسَ الأطفالِ
من البردِ، وأثناءَ اللّعبِ بالثلجِ.
ياه! لقد اشتقتُ للثلجِ كثيرًا".

وقالتْ **قبعةُ البحّارِ**: "كم اشتقتُ
للبحرِ والأمواجِ والموانئِ،
ولأصواتِ النوارسِ والدلافينِ".

وسألت: "يا ترى كيف يُبحرُ البحارُ نحو
المرافئِ بأمانٍ من دونِ أن أحميَ رأسَه
مِن أشعةِ الشمسِ الحارقةِ؟"

أخذتْ سلمى نفسًا عميقًا، وقالتْ:
"أردتٌ دوماً أنْ أحميكِ من الغبارِ والحرِّ
وأيدي المتطفلين يا قبعاتي الحبيبة!"

أجاب الطربوشُ: "نخرجُ، ونعودُ، ونجلِبُ معنا حكاياتٍ جديدةٍ".

وأكّدت قبعةُ الريشِ الفرنسيةِ: "كوني مطمئنةً سنعود".

طلبتْ سلمى من القبعاتِ أنْ تمنحَها بعضَ الوقتِ للتفكير.

عبّرتْ سلمى عَن قلقِها على القبعاتِ، وعن خوفِها مِن أنْ تذهبَ ولا تعود.

قالتْ الأم:

"امنحيها فرصةً، فإن كانتْ تحبكِ ستعود".

وأردفَ الأب:
"أنا أزور العالم ولكنني أعود دائماً إلى أسرتي".

فكرتْ سلمى، وقالتْ لقبعاتِها بترددٍ وقلقٍ:
"فلتخرجْ منْ تريدُ في نُزهةٍ".

علتْ الهُتافاتُ وعمّ السرورُ. وصارتْ القبعاتُ تتطايرُ حولَ سلمى، وتتمايلُ مِن البهجةِ.

شكرتْ القبعاتُ السعيدةُ سلمى. وغادرتْ مسرعةً، قبلَ أن تستمعَ لنصائحِ سلمى: "عودي بسرعةٍ، احذَري الرياحَ، لا تقتربي مِنَ السياراتِ...".

عيونُ سلمى الحزينةَ رافقتْ القبعاتِ المغادِرةَ.

حلّ المساءُ، ولمْ تعُدْ القبعات. أظلم الشارعُ، وحانَ وقتُ إقفالِ المعرضِ.

دمعتْ عينا سلمى، فسارعتْ والدتُها إلى احتضانِها، وراحتْ تطيّبُ خاطرَها.

مسحتْ سلمى دموعَها،
واستعدّتْ للعودةِ إلى البيتِ.

فجأةً، علتْ ضوضاءٌ كبيرةٌ
في الشارِعِ.

تدافعتْ القبعاتُ مِنْ بابِ المعرضِ
نحو سلمى. أوقعتْها أرضاً، وراحتْ
تغمرُها بالقبلاتِ والهدايا: بالونات،
سمك ملون، ملبن،...

حكتْ القبعاتُ لسلمى عن مغامراتِها.

وتمنت أن تكررَ التجربةَ مرات أخرى.

الآنَ على سلمى أنْ تتخذَ القرارَ المناسب.

الجميعُ بالانتظارِ، القبعاتُ ووالداها أيضًا.

قبعاتٌ للإيجار

تأكدتْ سلمى أنّ مغامرةَ القبعاتِ أسعدتْها، وبعودتِها زالَ خوفُها.

وخطرتْ لها فكرةٌ جعلتْها تبتسمُ.

اقتربت من بابِ المعرضِ، فحبستْ القبعاتُ أنفاسَها.

لكنّها ارتاحت حين كتبت سلمى على اللوحة:

قبعاتٌ للإيجار.